1007
22921
Napoléon

PIÈCES A CONSULTER

S. A. I. LE PRINCE NAPOLÉON

CONTRE

Mme Élisabeth PATERSON

M. Jérôme BONAPARTE (PATERSON)

PIÈCES A CONSULTER

POUR

S. A. I. LE PRINCE NAPOLÉON

CONTRE

Mme Élisabeth PATERSON

M. Jérôme BONAPARTE (PATERSON)

PREMIÈRE PARTIE.

En Amérique.

I. — CORRESPONDANCE

1°

Le citoyen Pichon au citoyen Jérôme Bonaparte.

Georgetown, 27 octobre 1803.

Depuis votre départ, citoyen, j'ai examiné attentivement les
lois de la France relativement aux mariages, et je me suis con-
vaincu que, d'après ces lois, celui que vous m'avez annoncé être

arrêté pour vous à Baltimore ne pourrait validement être contracté d'après ces lois.

Indépendamment des raisonnements et des représentations que je vous ai faits ici, pendant le séjour que vous venez d'y faire, quant à la convenance du mariage et à la nécessité de consulter votre mère et le Premier Consul votre frère, je suis obligé de vous informer que vous ne pouvez, sans exposer et la personne qui est l'objet de votre préférence, et la famille respectable à laquelle elle appartient, passer outre les obstacles légaux qui empêchent cette alliance. L'âge requis actuellement en France pour pouvoir se marier sans le consentement de ses parents, celui du moins que propose le Code civil nouveau, dont partie doit être actuellement décrétée, sinon le tout, est l'âge de vingt-cinq ans; le Code donne textuellement aux parents la faculté de faire annuler un mariage fait sans leur consentement. En supposant que la loi de 1792, qui permet aux enfants de se marier à vingt et un ans sans le consentement des parents, subsiste, il est toujours nécessaire de prouver l'âge par un acte de naissance, ou, si les registres sont détruits, par un acte de notoriété qui doit se faire en France.

D'après ces dispositions, les agents de la République, vous le sentez, citoyen, ne peuvent prendre aucune part directe ni indirecte à votre mariage projeté; et, dès lors, je ne puis me permettre d'y être présent. Je dois croire, au surplus, que, quand vous saurez quelles sont les lois à cet égard, vous vous désisterez de vos desseins. Le général Smith a exigé que je lui remisse l'extrait du Code civil relatif à ces dispositions. Je l'ai fait. Vous avez su qu'il avait reçu hier de M. Paterson une lettre à votre adresse qui vous faisait part des intentions nouvelles que l'incertitude quant à votre âge le mettait dans le cas d'avoir. Il s'est rendu de suite chez vous pour vous la remettre, mais vous étiez parti.

———————

2°

Le citoyen Pichon à M. d'Hébécourt, commissaire à Baltimore.

Georgetown, 28 octobre 1803.

Citoyen, après avoir examiné les lois actuelles de la République relativement aux conditions requises pour contracter mariage valablement, je me suis assuré qu'un Français ne peut le contracter sans le consentement de ses père et mère avant l'âge de vingt-cinq ans, et encore, après cet âge, est-il obligé de faire apparaître qu'il a demandé ce consentement et qu'il a été refusé, pour pouvoir passer outre. D'après un texte aussi précis, je me suis vu obligé d'écrire à M. Paterson, dont M. Jérôme Bonaparte m'a dit être sur le point d'épouser la fille, la lettre incluse, que je laisse ouverte pour que vous en preniez connaissance. Vous voudrez bien la lui remettre vous-même, citoyen, sans délai, dans l'état où elle est, en informant M. Paterson que je vous ai donné l'instruction. Si malgré ces dispositions on passait à une célébration, vous êtes chargé, citoyen, de faire en mon nom, à l'ecclésiastique qui y procéderait, une notification signée, portant purement et simplement les dispositions de nos lois qui s'opposent à la validité de ce mariage. Vous garderez, au surplus, cette partie de vos instructions secrète jusqu'à ce que l'occasion se présente d'en faire usage; je me persuade qu'elle n'arrivera pas. Vous constaterez, citoyen, par un procès-verbal inscrit au registre de vos actes, la remise de ma lettre à M. Paterson. Je

vous prie de faire connaître au citoyen Jérôme Bonaparte combien
je suis désolé d'être obligé de tenir une conduite aussi contraire à
ses dispositions; mais la loi est trop positive pour que je ne mette pas
toutes les parties impliquées sur leur garde. M. Jérôme Bonaparte
a sûrement trop d'honneur, d'ailleurs, pour penser à compromettre
aussi gravement qu'il le ferait en passant outre ces lois une famille
aussi respectable.

3°

M. Pichon à M. Paterson.

Georgetown, 28 octobre 1803.

Monsieur, M. Jérôme Bonaparte m'ayant informé qu'il était sur le
point de contracter mariage avec Mlle votre fille, je crois devoir vous
informer que je me suis assuré que, par la loi actuelle de France,
ce mariage ne saurait être valablement contracté sans le consentement formel de la mère de M. Bonaparte, qui est vivante : un Français ne peut se marier sans le consentement de ses père et mère, et
à leur défaut, sans celui d'un conseil de famille, avant vingt-cinq
ans, et même après cet âge il doit faire preuve qu'il a demandé cet
agrément. Il y a encore d'autres formalités voulues par les lois de la
France, quant aux mariages des Français à l'étranger, qui ne peuvent
être remplies par M. Bonaparte et dont l'absence pourrait faire
contester la validité d'un mariage ; mais je me dispenserai de les
rapporter, les conditions de l'âge opposant à celui que M. Bonaparte
veut former un obstacle insurmontable. J'ai cru, Monsieur, que je
devais vous faire connaître formellement, comme je le fais par cette
lettre, ces dispositions de nos lois, afin que vous ne fussiez pas dans

l'ignorance de ces dispositions, qui peuvent avoir une influence aussi considérable sur vos relations comme sur l'opinion projetée.

4°

M. Pichon à M. Jérôme Bonaparte.

Georgetown, 29 octobre 1803.

Depuis ma lettre d'avant-hier, citoyen, je me suis assuré que les lois de la France exigent actuellement vingt-cinq ans pour qu'un fils puisse se marier sans le consentement de ses parents ; même après cet âge, il doit encore faire preuve qu'il l'a demandé. Il m'a fallu passer deux heures hier à parcourir des *Moniteurs* pour trouver la loi. Elle a été décrétée en mars dernier. Cette découverte m'a paru exiger que je prévinsse de l'état des choses M. Paterson. C'est ce que j'ai fait hier par la lettre dont je vous envoie la copie ci-incluse. Je n'ai pas pensé à vous l'envoyer et le temps ne me l'aurait pas même permis ; vous ne doutez point que mes occupations ne me prennent dans ce moment tout celui dont je puis disposer. J'ai chargé M. d'Hébécourt de la remettre lui-même à M. Paterson, et j'ai prévenu M. Smith que je l'écrirais. Ce dernier m'a communiqué la lettre que M. Barney lui a écrit en votre nom, et j'ai appris par lui que vous aviez écrit au ministre d'Espagne, l'objet de ces lettres étant de les presser l'un et l'autre de se rendre à Baltimore. Je vous prierai, pour votre propre dignité, d'observer combien l'intervention de M. d'Yrajo dans tout ceci est déplacée. J'ai appris que c'était lui qui avait fait en votre nom la demande de Mlle Paterson. Il paraîtra étrange à tout le monde que M. le ministre d'Espagne, étran-

ger à nos lois, m'ait fait mystère de ses démarches dans cette affaire, autant que de celles qu'il a faites pour renverser tous les plans
de notre gouvernement et attaquer sa dignité ici ; et peut-être qu'en
rapprochant sa conduite envers tous de ses dernières démarches et
des publications qui paraissent dans les gazettes, vous comprendrez
mieux le vrai motif de ses avances singulières. Je vous en dirais beaucoup plus à ce sujet que je ne puis en écrire.

Je n'ai pas besoin de justifier la démarche que je fais envers
M. Paterson : c'est un devoir que je remplis envers votre famille, envers M. Paterson, envers vous-même ; et la précipitation que j'ai
vu les choses disposées à prendre ne m'a pas permis ni de l'omettre,
ni de la différer. Je regrette qu'à votre voyage ici vous ne m'ayez
pas présenté la chose sous ce point de vue du doute et du conseil,
de manière à suggérer des recherches. J'avoue qu'alors la décision
que vous m'avez annoncée m'a paru d'abord la rendre inutile ; mes
occupations ensuite m'en ont fait perdre l'idée, et qu'il n'y a qu'au dernier moment que j'ai pensé à faire ce par quoi toutes les parties impliquées auraient dû commencer, que j'ai pensé à feuilleter les lois.

J'autorise, citoyen, le citoyen d'Hébécourt, par ma lettre qui lui
arrivera en même temps que celle-ci vous parviendra, à vous donner communication des instructions que je lui ai données sur cette
affaire en lui adressant ma lettre à M. Paterson.

5°

M. Pichon à M. de Talleyrand.

Georgetown, 3 novembre 1803.

Citoyen Ministre, j'ai l'honneur de vous informer que le citoyen

Jérôme Bonaparte est venu passer quelques jours à Washington dans le courant de la dernière décade. Il est arrivé le 30 vendémiaire (23 octobre) au soir, accompagné du capitaine Barney; il m'a fait appeler à son hôtel sitôt son arrivée. Le lendemain, je l'ai présenté au Président des États-Unis, qui l'a invité le 3 de ce mois, le citoyen Bonaparte ne devant rester ici que peu de jours; je l'ai aussi présenté aux secrétaires d'État qui étaient à Washington, et ceux-ci lui ont rendu sa visite. Le jour où le citoyen Jérôme Bonaparte a dîné chez le Président, j'ai présenté à ce premier magistrat le chef de division Willaumez, commandant la frégate *la Poursuivante*, actuellement en relâche à Baltimore; cet officier, avec un lieutenant qui l'accompagnait, a dîné avec le citoyen Bonaparte. C'est avec le plus grand plaisir, citoyen Ministre, que je vous assure que le citoyen Jérôme s'est conduit dans toutes ses visites et chez le Président de manière à donner la meilleure idée de lui.

Je suis fâché d'avoir à joindre à cet aveu un autre qui ne pourra que faire beaucoup de peine au Premier Consul et qui lui sera peut-être déjà parvenu: il s'agit du mariage que le citoyen Bonaparte a été sur le point de contracter avec la fille de M. Paterson, négociant fort riche de Baltimore. Il m'a paru que, sous tous les rapports, cette affaire ne devait pas me demeurer étrangère, et que je remplirais un devoir envers le Premier Consul en vous en informant.

C'est le 2 brumaire (25 octobre) au soir que le citoyen Jérôme Bonaparte m'a fait part de ce projet comme d'une chose arrêtée et pour m'inviter à me rendre à Baltimore le 11, pour assister à la célébration, ajoutant que, ne pouvant empêcher le mariage, je devais par convenance y assister. Je n'avais entendu parler auparavant de la chose que d'une manière tellement vague que je n'y avais ajouté aucune foi. La déclaration que me fit M. Jérôme et l'avis qu'il me donna que le ministre d'Espagne qui, à son passage à Baltimore, lui avait servi d'interprète dans les propositions et les explications qui avaient eu lieu avec les parents, devait être à Baltimore ce jour là, me frappèrent d'étonnement. Je lui fis toutes les représentations que la nature de la chose pouvait suggérer. Il répondit à toutes que c'était une affaire terminée. Je lui demandai comment il prouvait qu'il avait l'âge de vingt et un ans, comme il l'avait assuré. Il me dit qu'il le prouvait par sa commission de lieutenant. Je lui dis que cette pièce ne pouvait pas servir de preuve. Le 3, après le dîner chez le Président, il partit pour Baltimore, ayant presque arraché mon consentement pour m'y rendre.

Le lendemain, citoyen Ministre, je recherchai dans les lois que j'ai en ma possession ce qu'elles ordonnent quant aux mariages ; je me convainquis que, même d'après la loi de 92, le citoyen Jérôme ne pouvait pas se marier sans le consentement de ses parents, sans prouver ou par un acte de naissance, ou par un acte de notoriété, qu'il avait l'âge de vingt et un ans. Mes recherches me conduisirent enfin à découvrir que la loi ancienne, qui exige vingt-cinq ans, avait été rétablie à dater du mois de ventôse dernier (mars), les titres du Code civil relatifs aux mariages et à la majorité ayant été décrétés à cette époque. Tandis que j'étais occupé de ces recherches, arrive chez moi le général Smith, de Baltimore, membre du Sénat et allié à M. Paterson. Il me communiqua une lettre qu'il avait reçue la veille de celui-ci pour le citoyen Jérôme, mais qu'il n'avait pas pu lui remettre, l'ayant trouvé parti, et dans laquelle M. Paterson marquait au citoyen Bonaparte qu'il ne pouvait donner son consentement au mariage, attendu qu'il n'avait pas l'âge. Je remis aussitôt au général Smith, extrait de la loi, en le priant de le faire passer à M. Paterson.

Je crois, citoyen Ministre, que dans cet état de choses il était de mon devoir de mettre toutes les parties sur leurs gardes, et d'écrire, à cet effet, au citoyen Bonaparte, à M. Paterson et au commissaire intérimaire, pour qu'il eût à s'abstenir de tout concours au mariage s'il avait lieu et même à y faire des oppositions. Je joins cette correspondance, citoyen Ministre, sous les nos 1, 2, 3, 4, 5, 6 et 7. J'ose croire, citoyen Ministre, que le Premier Consul approuvera la conduite que j'ai tenue dans cette circonstance.

Depuis ma dernière lettre au citoyen Jérôme, j'ai appris qu'il avait obtenu du greffier de la Cour du Comté, selon l'usage de ce pays, une permission de mariage, et que cependant M. Paterson avait positivement donné son refus. Je suis sans nouvelles de Baltimore; je regrette beaucoup de n'avoir pu m'y rendre, mais dans le moment actuel, il m'est impossible de me déplacer. Le citoyen Fourcroy, qui est venu passer quelque temps avec moi, pour me seconder, a passé quelques jours à Baltimore, qu'il a employés très-utilement à ramener l'esprit du citoyen Bonaparte à d'autres idées. J'ai été bien fâché de n'avoir pu le prier de s'y rendre dans ce moment, mais sa présence ici m'est on ne peut plus nécessaire.

Le citoyen Bonaparte, citoyen Ministre, a malheureusement été environné de personnes rien moins que propres à le divertir de son idée. J'ai été bien étonné que le ministre d'Espagne se soit permis de la favoriser du poids de son intervention comme il l'a fait. J'ai dit ma pensée à M. d'Yrajo, dans ma dernière conversation, et il a répondu négativement à deux instances que le citoyen Jérôme lui a adressées par des exprès ces jours derniers, pour qu'il se rendît à Baltimore pour aider à lever les obstacles prévus. **Le** citoyen Fourcroy, qui a quitté le citoyen Jérôme le 6 au soir, l'avait laissé dans des sentiments très-favorables; il paraît qu'ils n'ont pas tenu longtemps. Au surplus, j'ai la confiance que **M.** Paterson, prévenu comme il l'est, ne laissera pas les choses aller plus loin. **Le** citoyen Jérôme, citoyen Ministre, rendra de son côté compte au Premier Consul de cet incident. Sitôt le bâtiment partant d'ici expédié, je me rendrai à Baltimore si le citoyen Jérôme n'a pas quitté cette ville.

6°

M. Pichon à M. de Talleyrand.

Georgetown, 10 novembre 1803.

Citoyen ministre, la lettre incluse avec les pièces jointes semblent être sans objet, aujourd'hui que le mariage du citoyen Jérôme Bonaparte est décidément rompu, et j'avais promis de ne vous en pas parler. Néanmoins, après le bruit qu'a fait la chose, il m'a semblé que je manquerais à mes devoirs personnels envers la famille du citoyen Bonaparte et envers le Premier Consul, si je remplissais ma promesse, et en conséquence, citoyen ministre, je crois toujours devoir vous acheminer cette dépêche.

Depuis qu'elle est écrite, j'ai reçu samedi soir 13 du citoyen Bonaparte, par un exprès, l'avis que son mariage se célébrerait décidément le 15 et l'invitation d'y assister. J'ai répondu négativement. Il adressait la même invitation au ministre d'Espagne et à son épouse. Le marquis d'Yrajo s'en est excusé. J'étais dans l'attente

de la nouvelle de la célébration et de la visite du citoyen Jérôme
avec sa compagne, lorsque le dimanche 14 au soir, le secrétaire du
citoyen Bonaparte est arrivé, et m'a remis un billet par lequel il
m'annonçait qu'après mûre réflexion, il avait rompu son mariage
et que la chose s'était passée d'une manière honorable pour lui.
M. Le Camus avait, du citoyen Jérôme, la mission de me demander
toutes ses lettres sur ce mariage et de me prier de n'en pas écrire
J'ai remis les lettres ; c'est ce qui fait que je ne puis vous envoyer
copie de l'invitation du citoyen Jérôme et de ma réponse. J'ai aussi
remis la lettre par laquelle M. Paterson me suppliait de me rendre
à Baltimore, et à laquelle j'avais aussi répondu négativement.

Je ne doute point, citoyen ministre, que la manière dont je me suis
conduit dans cette circonstance embarrassante, l'isolement où il a vu
qu'il allait se trouver de tout agent du Gouvernement et même du
ministre d'Espagne, que le ton ferme avec lequel je me suis plaint
de son intervention officieuse a fait changer, n'aient amené le citoyen Jérôme peu à peu à la résolution qu'il a prise. Indépendamment des lettres dont je vous envoie la copie, je lui en ai écrit deux
autres pleines de sollicitations amicales et telles qu'on les doit à son
âge, en appelant à ses devoirs envers ses parents et à la tendresse
qu'il leur doit. Je désire qu'il les produise à son retour. Si mes affaires ne me retenaient pas aussi fortement ici, j'aurais été le
joindre à Baltimore avant son départ pour New-York, où il paraît
qu'il va se rendre. Je l'ai instamment prié de venir passer ici quelques jours, pour que je puisse lui donner des notes qui seront nécessaires pour son voyage.

Le citoyen Jérôme Bonaparte, citoyen ministre, rend actuellement pleine justice à ma conduite et à mes conseils. Il reconnaît

que M. Barney n'est pas fait pour l'accompagner , et que j'ai mis autant de zèle véritable à le contrarier que d'autres personnes ont mis de fausseté et d'intérêt à abonder dans son sens.

7°

Extrait du journal américain GENERAL ADVERTISER.

30 décembre 1803.

Marié, samedi dernier, à Baltimore par le révérend évêque Carroll, M. Jérôme Bonaparte , frère cadet du Premier Consul de la République française , avec la jolie demoiselle Elisabeth Paterson , fille aînée de M. William Paterson, négociant de ladite ville.

8°

M. Pichon au Ministre des relations extérieures.

Georgetown, 4 janvier 1804.

Citoyen ministre , M. Jérôme Bonaparte est revenu à Baltimore, de New-York, le 6 décembre. Il a été extrêmement satisfait de son séjour dans la dernière ville, et on assurait même qu'il allait y passer le reste de l'hiver. J'ai l'honneur de vous adresser ci-joint, sous les nos 1 et 2, copie de la lettre par laquelle il m'a annoncé son retour et de la réponse que j'y ai faite. J'ai depuis avancé à M. Jérôme Bonaparte 5,000 dollars sur les 10,000 que je me suis engagé à lui fournir.

Je ne m'attendais pas, citoyen ministre, après tout ce que j'ai eu l'honneur de vous marquer dans mes deux dépêches privées précédentes, que j'aurais à vous informer que le mariage de M. Jérôme Bonaparte a été célébré le 24 décembre. Je vous envoie, sous les nᵒˢ 3 et 4, la copie de la lettre de son secrétaire par laquelle j'en ai reçu l'avis et celle de ma réponse. Je joins sous le nᵒ 5 la dépêche par laquelle M. Sottin m'a fait part de cet événement, et sous le nᵒ 6 la réponse que j'ai faite à M. Sottin. Par un billet du 24 qui m'est parvenu le 26, il m'avait informé que M. Bonaparte venait de le presser inopinément d'y assister.

Je n'ai aucune observation ultérieure, citoyen Ministre, à faire sur cet incident. Je désire seulement que le Premier Consul et vous, citoyen Ministre, soyez convaincus que j'ai fait tout ce qui m'a été possible pour empêcher le mariage. Les affaires du Gouvernement, comme vous le savez, citoyen Ministre, me retiennent impérieusement ici dans le moment présent. J'ai été bien souvent désolé de ne pouvoir être à côté de M. Jérôme Bonaparte et que Washington n'ait pas assez d'attraits pour l'y fixer.

Indépendamment des lettres dont je vous ai envoyé les copies précédemment, citoyen ministre, je lui en ai écrit d'autres, dont je n'ai pas gardé copie, dans le style le plus propre à gagner sa confiance. Tout le monde regardait le mariage comme rompu sans retour, lorsqu'il s'est conclu. M. Maupertuis, parent de Mᵐᵉ Bonaparte, qu'il a rencontré à New-York et qu'il a amené avec lui, n'a pas eu plus d'empire sur sa volonté.

Les parents de la jeune personne sont, je crois, très-répréhensibles. J'ai conçu des inquiétudes quand j'ai vu qu'après lui avoir fait quitter Baltimore au moment où le premier projet s'est rompu, on l'a laissée y revenir à peu près à l'époque où M. Jérôme Bonaparte y revenait lui-même. Ce rapprochement a certainement été mé-

nagé par leurs correspondances mutuelles, et les parents, M. Paterson
spécialement, qui s'était opposé au mariage, devaient l'empêcher. On
dit que la jeune personne était aussi décidée de son côté que M. Jérôme l'était du sien, et qu'il a fallu consentir au mariage pour éviter
un scandale. Je crois ces circonstances fort vraisemblables,
mais il n'en est pas moins vrai que M. Paterson et tous les parents
de la jeune personne, parmi lesquels on compte MM. Smith, l'un
ministre de la marine, l'autre sénateur, et M. Nicolas, aussi sénateur, étant prévenus comme ils l'étaient par moi de l'état de notre
législation, auraient dû, par cette considération, si tant d'autres non
moins puissantes ne les y déterminaient pas, opposer une résistance
décisive et efficace.

J'ai insinué ici aux membres du Gouvernement combien ce mariage déplairait au Premier Consul, pour tâcher de faire intervenir
d'une manière indirecte auprès des parents. Mais j'ai vu que l'on
était éloigné d'y prendre aucune part, et que les parents en place ne
feraient point d'efforts soutenus pour s'opposer.

Il ne me reste, citoyen Ministre, qu'à désirer que cette alliance
tourne pour le mieux, aujourd'hui qu'elle est conclue. M. Bonaparte
est arrivé hier avec Madame, M. Maupertuis et M. Sottin.

9°

Willaumez à Decrès.

À bord de *la Poursuivante*, 18 janvier 1804.

Citoyen ministre, par ma lettre du 28 brumaire dernier (20 novembre 1803), j'avais l'honneur de vous informer que Jérôme Bonaparte était toujours à Baltimore et qu'il n'était pas disposé à reprendre son service dans la marine.

Aujourd'hui je dois vous apprendre qu'il s'est marié à Mlle Paterson, fille d'un négociant américain de Baltimore ; j'avais beaucoup contribué à le détourner de cet établissement, et je croyais réellement tout rompu, lorsqu'au bout de deux mois j'ai appris qu'il venait d'être consommé chez le père de la demoiselle, dans le plus grand secret.

Je ne me permettrai aucune réflexion sur ce mariage, mais il n'a point eu mon approbation, tant s'en faut, et je crains que notre Premier Consul et vous, citoyen ministre, ne soyez mécontents.

10°.

M. Pichon au Ministre des affaires extérieures.

Georgetown, 20 février 1804.

Citoyen Ministre, M. Jérôme Bonaparte est revenu ici depuis huit jours. L'objet de son voyage est de faire peindre son épouse par Stewart. Il a fait comme à l'ordinaire ses visites, et je ne puis que répéter que sa conduite personnelle a été toujours convenable. Seulement je vous ferai connaître pour la première fois, citoyen

Ministre, que M. Jérôme continue, quand il vient ici, de m'envoyer prévenir qu'il est arrivé et attend ma visite, ce qui certainement est contraire à toute règle. Pour éviter le scandale, qui n'aurait pas manqué d'en résulter si je n'eusse pas été le soir, j'ai fait à la considération du Gouvernement le sacrifice de ce manque de bienséance, et je n'ai eu d'ailleurs qu'à me louer de M. Jérôme, qui a pris mes avis sur tout ce qui concerne sa conduite envers le Gouvernement américain et les a suivis. Aussi je dois vous dire qu'il a inspiré des préventions très-favorables. Il est logé au Capitole, à quatre milles de moi ; c'est l'endroit où demeurent tous les parents de sa femme et le marquis d'Yrajo. Celui-ci est envers lui d'une assiduité qui contraste singulièrement avec sa conduite officielle dans ces derniers temps. Comme vous pouvez le croire, M. Bonaparte est constamment avec les amis de Madame. Il paraît se plaire dans cette société et y plaire lui-même. Il est fâcheux de voir un jeune homme de son âge, dans sa situation, avec les dispositions qu'il montre, livré aussi exclusivement qu'il l'est à la frivolité et à l'inoccupation. Madame n'est rien moins que d'un caractère propre à le porter aux choses sérieuses. Elle est fière de sa position et ne pense qu'à jouir de tout l'éclat qu'elle lui donne. Elle est, d'ailleurs, comme toutes les jeunes personnes de ce pays, d'une éducation qui se borne à bien peu de chose. Ce sont là, du moins, les apparences qui m'ont frappé ; il est possible, comme j'ai peu vu Mᵐᵉ Jérôme Bonaparte, que je me trompe.

Comme M. Jérôme a quitté la France depuis longtemps, et qu'à son âge on change beaucoup en peu d'années, j'ai du plaisir à vous mettre à même, citoyen Ministre, d'assurer le Premier Consul, qu'il annonce un esprit très-pénétrant et un jugement très-sain, et

qu'il ne lui manque que de bons conseils et de bons guides pour
cultiver ces qualités de la manière la plus avantageuse.

11°.

Talleyrand à Pichon.

Paris, 9 juin 1804.

J'ai mis sous les yeux de Sa Majesté la suite des lettres que vous
m'avez adressées sur le mariage de M. Jérôme Bonaparte. Sa Majesté a été aussi satisfaite de votre conduite sage et réfléchie,
qu'elle l'a été peu de la conduite de M. Sottin, sous-commissaire
à Savannah.

M. Jérôme Bonaparte, en contractant un mariage contraire aux
lois de la France, dont il est citoyen, n'a pas pu espérer que ce mariage y serait regardé comme valide. Sa Majesté le considère
comme nul et ne le reconnaît pas.

La loi du 26 ventôse an XI (15 février 1803) a prescrit toutes les
conditions qu'avaient à suivre, avant leur mariage, les Français qui
n'avaient pas vingt-cinq ans et ceux qui se trouvaient en pays étranger. Cette loi, dont le maintien peut seul assurer la concorde dans
les familles en garantissant la régularité des contrats, était connue
de M. Jérôme Bonaparte; vous lui en avez représenté les dispositions : dans sa position, il devait se croire plus strictement obligé
de s'y conformer.

Sa Majesté, sous la garde de qui a été mis le dépôt des lois, ne
croit pas mieux pouvoir leur concilier le respect général qui leur
est dû, qu'en ne permettant pas que sa famille elle-même puisse
les enfreindre.

L'opinion que Sa Majesté s'est formée sur le mariage de M. Jérôme Bonaparte tient à un sentiment de justice dont la famille de Mlle Paterson appréciera les motifs, et dont M. Jérôme Bonaparte lui-même n'a pas à se plaindre, puisqu'il s'est volontairement exposé aux inconvénients du mariage qu'il a contracté.

12°,

Talleyrand au général Thurreau, ambassadeur de France aux Etats-Unis.

8 août 1804.

Mes lettres de thermidor vous ont fait connaître, Général, l'opinion que S. M. s'est formée du mariage de M. Jérôme Bonaparte. Comme S. M. ne peut reconnaître ce mariage contracté contre les lois de la France, son ministre plénipotentiaire doit prendre dans ce refus d'adhésion la règle de sa conduite, et, en continuant d'avoir pour M. Jérôme Bonaparte les égards respectueux dus au frère de S. M., il ne peut point se permettre de voir son épouse, et il doit éviter de se rencontrer avec elle.

Toute prévenance de cette nature cesserait d'être indifférente, d'après le caractère dont vous êtes revêtu, et puisque vous aurez à exprimer l'improbation que donne S. M. à ce mariage, qu'elle ne reconnaît point, vous serez embarrassé d'une position ambiguë et d'un genre de réserve dont il convient à votre dignité et à votre place d'écarter avec soin l'occasion

------

13°

Pichon à Talleyrand.

Philadelphie, 13 octobre 1804.

Monsieur, j'ai reçu il y a quelques jours, ici, la dépêche que vous m'avez fait l'honneur de m'écrire le 20 prairial dernier pour me témoigner la satisfaction de S. M. pour la conduite que j'ai tenue dans le mariage de M. Jérôme Bonaparte. Vous ne doutez pas, Monsieur, que je n'aie été on ne peut plus sensible à cette lettre et aux sentiments de l'Empereur, dont elle me fait part. Quoique le bruit public annonçât que dans cette circonstance ma conduite avait été approuvée, j'étais cependant dans une incertitude officielle qui ne laissait pas que d'être désagréable. J'aurais bien vivement désiré, Monsieur, que mes efforts eussent été couronnés par le succès, mais l'ensemble des incidents vous est maintenant assez connu, Monsieur, pour que vous puissiez voir qu'il ne fallait pas y compter. Je regrette beaucoup également de n'avoir pu jusqu'à ce moment déterminer M. Jérôme à s'embarquer sur les frégates, ni les commandants de celles-ci à terminer une relâche qui est aussi dispendieuse que désagréable. Il ne paraît pas que M. Bonaparte pense à se rendre aux instances réitérées que le commandant Brouard et moi lui avons faites, et, quoiqu'il se soit présenté l'autre jour une occasion on ne peut plus favorable pour mettre à la voile, je n'apprends pas que les frégates en aient profité.

Le ministre de la marine, Monsieur, est informé des diverses démarches que j'ai faites, dans le double but de les faire partir et d'y faire embarquer M. Jérôme.

Depuis mes dernières dépêches à ce ministre, je suis sans nouvelles ni de celui-ci, ni du commandant de la division.

————————

14°

Thurreau à Talleyrand.

Washington, 14 décembre 1804.

Je vous donne connaissance, Monseigneur, par mes n°ˢ 7 et 8, des demandes que M. Jérôme Bonaparte avait faites de se rendre en France. Il s'est effectivement rendu à bord de la frégate le *Président* dans le Chesapeak; mais la frégate anglaise la *Résolution*, de 44 canons, étant venue se placer près de la frégate française, Mlle Paterson, à qui M. Jérôme Bonaparte donne le nom de sa femme, a témoigné beaucoup de crainte et a obtenu de débarquer. M. Jérôme Bonaparte est revenu à Baltimore.

————————

15°

Decrès au commissaire principal de la marine à Bordeaux.

Bordeaux, 27 avril. (A lui seul et très-secret.)

Je vous préviens, Monsieur, que Mlle Paterson, née aux États-Unis d'Amérique, et qu'on a dit être la femme de M. Jérôme Bonaparte, doit arriver par mer à Bordeaux. L'intention de l'Empereur est qu'on ne lui accorde pas la libre pratique et qu'elle ne descende pas à terre.

Le capitaine du bâtiment sur lequel elle est embarquée devra être informé que, dans quelque lieu de la France ou de la Hollande qu'il se présente, il ne sera pas admis et qu'il est indispensable qu'il retourne en Amérique.

Le commandant du stationnaire qui est à l'embouchure de la Gironde étant naturellement placé pour l'exécution de ces dispositions *impérativement prescrites* par S. M., je lui adresse l'ordre ci-joint que vous devez lui faire parvenir à la réception de cette dépêche, et vous-même êtes chargé de pourvoir à l'exécution des instructions de l'Empereur manifestées par cette lettre et par l'ordre que je vous charge de transmettre à l'officier commandant le stationnaire, après en avoir (illisible) (1) le cachet (2).

II. — PIÈCES AUTHENTIQUES.

1°

Contrat de mariage de Jérôme Bonaparte et d'Élisabeth Paterson, fille de W. Paterson, 24 décembre 1803.

Entre Jérôme Bonaparte, citoyen de la République française,

---

(1) Brisé, selon toute apparence.

(2) L'ordre au stationnaire contenait seulement :
« Il doit arriver à Bordeaux un bâtiment ayant à bord une jeune dame qu'on a dit être la femme de M. Jérôme Bonaparte, mais qui ne peut être reconnue que pour Mlle Paterson. (Le reste de la lettre comme la précédente).

maintenant domicilié et résidant dans l'état de Maryland, un des États-Unis d'Amérique, *D'une part,*

Et Élisabeth Paterson, de la cité de Baltimore, dans ledit État de Maryland, *D'autre part.*

Et William Paterson, de ladite cité, habitant dans ledit État de Maryland (père de ladite Élisabeth Paterson), *Encore d'autre part.*

Par le mutuel consentement et agrément des parties susdites, il doit être prochainement procédé à la célébration du mariage d'entre ledit Jérôme Bonaparte et ladite Élisabeth Paterson, et, en considération dudit mariage, les suivants articles ont été librement signés et adoptés comme expressément obligatoires pour lesdites parties, en toute équité et honneur, etc.

Art. 1ᵉʳ. — Il est stipulé que le mariage dudit Jérôme Bonaparte et d'Élisabeth Paterson sera contracté et solennisé en due forme légale, de manière à assurer la validité dudit, à toutes intentions et fins, aussi bien suivant les lois de l'État de Maryland que suivant les lois de la République française ; — et que si jamais dans l'avenir aucun doute devait s'élever relativement à la validité dudit mariage, ou dans ledit État de Maryland ou dans ladite République française, ledit Jérôme Bonaparte, en tout temps et à toute réquisition de ladite Élisabeth Paterson et dudit W. Paterson ou de l'un d'eux, s'engage à faire et accomplir tout et chaque acte nécessaire pour éloigner ces difficultés et donner à l'union dudit Jérôme et de ladite Élisabeth, toute forme et toute validité d'un mariage parfait suivant les lois régulières dudit État de Maryland et de ladite République de France, conformément à toutes les conventions clauses et agissements contenus dans les présents articles . . . .

. . . .

Art. 4. — Au cas où par quelque cause que ce soit, de la part dudit Jérôme Bonaparte ou de quelqu'un de ses parents, une séparation devrait être poursuivie entre ledit Jérôme Bonaparte et ladite Elisabeth Paterson : séparation *à vinculo (from the bonds of matrimony)* ou *à mensâ et thoro (from bed and board)* ou de telle autre manière que ce soit (ce qu'à Dieu ne plaise), dans ce cas ladite Élisabeth Paterson aura droit à la propriété et jouissance pleine et entière du tiers de tous les biens réels, personnels et mixtes dudit Jérôme Bonaparte, présents et avenirs, pour elle, ses héritiers, exécuteurs, administrateurs, etc. — Et ledit Jérôme Bonaparte, ses héritiers, exécuteurs et administrateurs, et toutes autres personnes qu'il peut valablement obliger, devront à toute réquisition de ladite Elisabeth Paterson et de **W.** Paterson, ou de l'un d'eux, faire tous actes et agissements nécessaires pour assurer et confirmer dans la personne de ladite Élisabeth Paterson, de ses héritiers, etc., ledit tiers stipulé de ses biens réels, personnels et mixtes, suivant les lois respectives de France, de **Maryland** ou de tout autre pays où se trouverait situé tout ou partie desdits biens. . . . .

. . . .

Signé et scellé des susdites parties par-devant James Calhoun, maire de la ville de Baltimore, lequel a signé et scellé,

------

2°

Traduction de l'acte de mariage.

Baltimore, 24 décembre 1803.

Avec autorisation, aujourd'hui j'ai uni en mariage, conformément aux rites de la sainte Église catholique,

Jérôme Bonaparte, frère du Premier Consul de France, et Élisabeth, fille de Paterson, esquire de la cité de Baltimore.

J.,

Évêque de Baltimore.

3°.

Nullité prononcée par l'État de Maryland, le 2 janvier 1813.

Session de l'Assemblée générale du Maryland, commencée dans la ville d'Anapolis le lundi 2 novembre 1812 et terminée le 2ᵉ jour de janvier 1813.

Son Excellence L. Winder, esq., gouverneur.

La suivante loi a, entre autres, été rendue (n° 130) :

Acte annulant le mariage d'entre Jérôme Bonaparte et Élisabeth Bonaparte, de la cité de Baltimore.

Est dit et ordonné que le mariage dudit Jérôme Bonaparte et de ladite Elisabeth Bonaparte, de la cité de Baltimore, jadis célébré, est déclaré absolument, à toutes fins et effets, nul et vide (*absolutely to all intents and purposes null and void*), et ledit Jérôme Bonaparte et ladite Elisabeth Bonaparte sont déclarés divorcés *a vinculo matrimonii*, sans néanmoins que ledit acte puisse être entendu comme devant entraîner l'illégitimité de l'enfant né dudit mariage, sauf loi contraire.

Sénat, 2 janvier 1813.

Chambre des Représentants, 2 janvier 1813.

4°.

Testament de W. Paterson.

Page 15 :

La conduite de ma fille Betsey a été toute sa vie empreinte d'un tel esprit de désobéissance, qu'elle n'a jamais consulté, en aucune circonstance, mes opinions ou sentiments, et m'a causé plus d'anxiété et de chagrin à elle seule que tous mes autres enfants ensemble : sa folie et son inconduite m'ont en outre occasionné une suite de dépenses qui m'ont coûté, dès l'origine et par les suites, de gros sacrifices d'argent. Dans ces circonstances, il ne serait pas raisonnable, juste ou convenable qu'elle pût, à ma mort, recueillir une part égale de mes biens avec mes autres enfants. Considérant cependant la faiblesse de la nature humaine, et qu'elle n'en est pas moins ma fille, c'est ma volonté et mon plaisir de disposer à son égard comme suit :
« Je donne et lègue à madite fille Betsey..... »

DEUXIÈME PARTIE.

En France.

I. — CORRESPONDANCE.

1°

L'Empereur au Ministre de la marine.

Stupinis, le 3 floréal, an XIII (23 avril 1805).

M. Jérôme est arrivé à Lisbonne. Mlle Paterson, sa maîtresse, doit se rendre à Bordeaux par mer. Faites-lui signifier l'ordre qu'on ne lui accorde pas de pratique. Qu'elle ne descende pas à terre, et faites connaître que, en quelque endroit de France et de Hollande elle débarque, elle ne trouvera point pratique, et qu'il est indispensable qu'elle retourne en Amérique. J'ai donné ordre à cet officier de se rendre près de moi par Barcelone, Toulouse, Grenoble, Turin et Milan, et de l'arrêter s'il s'écarte le moindrement de cette route.

Sur ce, etc.

2°

L'Empereur au Ministre de la police.

Stupinis, le 3 floréal an XIII (23 avril 1805).

Au Ministre de la police.

Monsieur Jérôme est arrivé à Lisbonne ; je lui ai donné ordre de

se rendre à Milan en passant par Perpignan, Toulouse, Grenoble et Turin. Mon intention, s'il se détourne de cette route (ou
passe) par Bordeaux et Paris, (est) de le faire arrêter. Veillez à ce
qu'il ne séjourne pas à Bordeaux, et qu'il soit arrêté et dirigé sur
Milan par un officier de gendarmerie. La femme avec laquelle il est,
si elle vient à Bordeaux, mon intention est qu'on ne la laisse pas
débarquer, et qu'il lui soit signifié l'ordre de retourner en Amérique. L'appeler Mlle Paterson dans la signification qu'on lui fera.
Vous sentez combien cette affaire m'intéresse. Si cette femme s'était
soustraite à la police (et venait) à Paris avec lui, l'envoyer à
Amsterdam, où elle s'embarquera sur le premier bâtiment américain.

3°

L'Empereur à l'Archichancelier.

Alexandrie, le 16 floréal an XIII (6 mai 1805).

A M. l'Archichancelier,

Monsieur Jérôme est arrivé à Lisbonne avec Mlle Paterson, sa
maîtresse. J'ai donné l'ordre qu'il se rende auprès de moi, et j'ai
ordonné que sa maîtresse fût rembarquée pour l'Amérique. Je vous
prie de me faire connaître ce qu'il faut faire pour le train de cette
affaire, et pour que le mariage fût tout à ...., et le modèle des
actes qu'il faudrait qu'il signât, s'il y avait son consentement.

4°

Napoléon à son frère Jérôme.

16 floréal an xiii.

Mon frère, votre lettre de ce matin m'apprend votre arrivée à Alexandrie. Il n'y a point de fautes qu'un véritable repentir n'efface à mes yeux. *Votre union avec Mlle Paterson est nulle aux yeux de la religion comme aux yeux de la loi. Écrivez à Mlle Paterson de s'en retourner en Amérique. Je lui accorderai une pension de soixante mille francs sa vie durant, à condition que, dans aucun cas, elle ne portera mon nom, droit qu'elle n'a pas dans la non-existence de son union. Vous-même, faites-lui connaître que vous n'avez pu ni ne pouvez changer la nature des choses.* Votre mariage ainsi annulé dans votre propre volonté, je vous rendrai mon amitié, et je reprendrai les sentiments que j'ai eus pour vous depuis votre enfance, espérant que vous vous en rendrez digne par les soins que vous porterez à acquérir ma reconnaissance et à vous distinguer dans mes armées.

Sur ce, je prie Dieu qu'il vous ait, mon frère, en sa sainte et digne garde.

A Alexandrie, le 16 floréal an xiii.

Votre affectionné frère,

NAPOLÉON.

5°.

Napoléon à la princesse Élisa.

16 floréal an xiii.

Ma sœur, M. Jérôme est arrivé ; j'ai été satisfait de ses sentiments.

Son secrétaire, qui est à Milan, doit se rendre auprès de Mlle Paterson pour lui faire connaître l'état des choses et lui faire sentir que son mariage, nul aux yeux de la religion comme aux yeux de la loi, doit l'être à ses yeux. Parlez à M. Camus et écrivez dans ce sens à M. Jérôme. Faites-lui connaître la nécessité dont il est pour lui de tenir exactement les promesses qu'il m'a faites, car c'est à cette condition que j'ai pu lui rendre mon amitié.

Sur ce, je prie Dieu qu'il vous ait, ma sœur, en sa sainte et digne garde.

NAPOLÉON.

6°.

L'Empereur à l'Archichancelier.

23 floréal an XIII.

A M. L'ARCHICHANCELIER.

J'ai reçu vos lettres du 18 floréal.

Je ne puis point être de votre opinion sur Jérôme. S'il s'était marié en France devant des officiers de l'état civil, il faudrait un jugement pour l'annuler. Marié à l'étranger, son contrat n'étant inscrit sur aucun registre, mineur, sans aucune publication de bans, il n'y a pas plus de mariage qu'entre deux amants qui se marient dans un jardin, sur l'autel de l'amour, en *(face de la)* lune et *(des)* étoiles. Ils se disent mariés, mais l'amour fini, ils s'aperçoivent qu'ils n*(e le sont pas)*.

Il y aurait plutôt .... religieux .... prêtre. Le Pape l'a cru ; il est revenu de son erreur. J'ai renvoyé la demoiselle, et je suis content du jeune homme, qui a de l'esprit, qui sait qu'il a fait une sottise et veut la réparer autant qu'il dépend de lui.

7°.

L'Empereur à Fouché.

Milan, le 23 floréal an XIII.

A M. Fouché.

J'ai reçu votre lettre du 18. M. Jérôme est arrivé ici; je suis satisfait de lui. Mlle Paterson est retournée en Amérique; M. Jérôme sait bien qu'elle n'est point sa femme. J'avais déjà donné des ordres à Amsterdam pour que, si elle y arrivait, elle fût sur-le-champ renvoyée.

Donnez-moi un détail particulier sur cette maison Power. Surveillez le nommé Thornton et faites-le arrêter à son retour d'Angleterre.

8°.

Napoléon à Decrès.

28 floréal an XIII.

Monsieur Decrès, M. Jérôme est arrivé; Mme PATERSON (1), sa femme, est retournée en Amérique. Il a reconnu son erreur et *désavoué cette personne pour sa femme* (2); il promet de faire des miracles. En attendant, je l'ai envoyé à Gênes pour quelque temps. Sur ce, etc.

---

(1) Les mots ici reproduits à l'encre rouge sont ajoutés à la minute de la main de l'Empereur.

(2) Les mots: *et ne se croit pas marié*, que l'Empereur a remplacés par d'autres mots, ont dû être effacés lors de l'expédition de la lettre.

9°.

L'Empereur à Murat.

29 floréal an xiii.

Mon intention n'est point que ma garde soit disséminée dans la campagne ; je ne vois pas quel besoin de garde le prince Louis peut avoir à Saint-Leu. Si c'est pour sa sûreté, quelques hommes de la gendarmerie feraient mieux le service.

J'ai reçu la lettre dans laquelle vous me parlez de M. Jérôme. J'ai lieu, en effet, d'être assez content de ses dispositions, si elles sont sincères et constantes, comme je ne dois pas en douter.

10°

*Extrait d'une lettre de l'Empereur au Ministre
des relations extérieures.*

9 décembre 1809.

Ecrivez au général Thurreau qne je l'autorise à donner tous les fonds dont Mlle Paterson pourrait avoir besoin pour sa subsistance, me réservant de régler son sort incessamment ; que, du reste, je ne porte aucun autre intérêt en cela que celui que m'inspire cette jeûne personne ; mais que, si elle se conduisait assez mal pour épouser un Anglais, alors mon intérêt pour ce qui la concerne cesserait et que je considérerais qu'elle a renoncé aux sentiments qu'elle a exprimés dans sa lettre, et qui seuls m'avaient intéressé à sa situation.

II. — PIÈCES AUTHENTIQUES.

1°.

Protestation de Madame Bonaparte, mère, du 3 ventôse án XIII.

Par-devant Maurice-Jean Raguideau et son collègue, notaires à Paris, soussignés ;

Est comparue :

Son Altesse Impériale Mme BONAPARTE, mère de Sa Majesté l'Empereur, demeurant en son palais, rue Saint-Dominique, faubourg Saint-Germain ;

Laquelle a dit :

Qu'elle a appris indirectement que son fils mineur M. Jérôme BONAPARTE a contracté en Amérique un mariage pour lequel le consentement de la comparaissante n'a pas été requis, et les publications n'auraient pas été faites dans le lieu de son domicile ;

Qu'elle ne peut ajouter une foi absolue à des bruits qui supposent que son fils aurait méconnu ses devoirs et enfreint les lois les plus solennelles ;

Que, si le fait est vrai, la comparaissante n'hésitera pas à fairevaloir tous les droits que la loi lui attribue ;

Qu'elle ne pourrait agir actuellement qu'en joignant à sa demande judiciaire en annulation une expédition en forme de l'acte de célébration de ce prétendu mariage ;

Que ce titre n'est point en son pouvoir et lui est absolument inconnu ;

Que, dès lors, toute réclamation de sa part se trouve nécessairement suspendue et qu'elle ne peut exercer auprès des Tribunaux un recours prématuré envers un acte qui, d'ailleurs, n'a aucune existence légale en France ;

Néanmoins :

Afin que ses intentions soient notoires et que l'on ne puisse, dans aucun temps, interpréter son silence d'une manière contraire à ses sentiments ;

Afin d'exprimer sa volonté sur l'offense que son fils aurait faite aux lois et à la dignité maternelle, de telle sorte que les droits de la comparaissante restent intacts et qu'ils puissent être exercés par ses représentants auxquels elle déclare les déléguer expressément pour les faire valoir en son nom et à son défaut si elle se trouvait dans l'impossibilité de les exercer elle-même ;

La comparaissante déclare :

1° Que son consentement ne lui a jamais été demandé par son fils mineur et qu'elle l'eût refusé par des motifs que la loi l'autorise à ne point déduire ;

Qu'elle proteste solennellement, par le présent acte, contre tout mariage contracté par son fils Jérôme Bonaparte en pays étranger, sans son consentement et au mépris des formes voulues par la loi ;

3° Qu'elle se réserve expressément de se pourvoir ainsi et devant qui il appartiendra, et aussitôt qu'elle aura pu se procurer une expédition de l'acte de célébration pour en faire prononcer la nullité.

De tout ce que dessus Son Altesse Impériale a requis acte auxdits notaires, qui le lui ont donné, à Paris, dans le palais susdit de Son Altesse Impériale, le 3 ventôse an XIII.

Et Son Altesse Impériale a signé avec lesdits notaires, après lecture faite.

En marge est écrit :

Enregistré à Paris le 4 ventôse an XIII, fol. 166, v°..., reçu 1 fr. 10 centimes.   (Signé) CAMUSAT.

L'an 1854, le 5 octobre, les présentes ont été expédiées et collationnées par Mᵉ Mocquard, notaire à Paris, soussigné, sur la minute de ladite protestation étant en sa possession comme successeur médiat dudit Mᵉ Raguideau.

2°.

Premier décret impérial, 11 ventôse an XIII.

« NAPOLÉON, Empereur des Français :

« Vu l'acte reçu par Raguideau, notaire à Paris, le 3 ventôse
« an XIII, contenant une protestation de Madame notre mère contre
« le prétendu mariage de son fils mineur, Jérôme Bonaparte, con-
« tracté en pays étranger sans le consentement de sa mère et sans
« publication préalable dans le lieu de son domicile;

« Vu les art. 3, section 1ʳᵉ, et 1ᵉʳ, section 2. de la loi du 20 septembre 1792; les art. *63, 148, 166, 168, 170, 171* et *183* du Code
civil, ET LE SÉNATUS-CONSULTE DU 28 FLORÉAL AN XII;
le Conseil d'État entendu :

« Considérant que le mariage d'un mineur, contracté en pays
« étranger, sans publication et sans le consentement des père et
« mère, est nul aux termes des lois françaises; qu'il appartient au
« chef de l'État d'intervenir dans tous les actes qui touchent à l'état

« de sa famille, et de prévenir ou de réprimer tout ce qui peut
« blesser sa dignité personnelle et offenser la majesté du trône ;

 « Décrète :

 « Article premier. Défenses sont faites à tous les officiers de l'état
« civil de l'Empire, de recevoir sur leurs registres la transcription
« de l'acte de célébration d'un prétendu mariage que **M.** Jérôme Bo-
« naparte aurait contracté en pays étranger.

 « Art. 2. Le présent décret sera inséré au *Bulletin des Lois*, et le
« grand-juge ministre de la justice est chargé d'en surveiller l'exé-
« cution. »

<hr>

3°

Deuxième décret impérial (du 30 ventôse an XIII*).*

DÉCRET.

NAPOLÉON, Empereur des Français,

A tous ceux qui ces présentes verront, salut.

Aussitôt que nous avons été informé d'un prétendu mariage contracté dans les pays étrangers par notre frère Jérôme Bonaparte,
encore mineur, sans aucun consentement de nous, ni de Madame
notre mère, et contre les dispositions des art. 63, 148, 166, 168, 170
et 171 du Code civil, nous avons cru devoir, pour le maintien des
lois et de la subordination qu'elles établissent dans les familles, faire,
par notre décret du 11 ventôse an XIII, défenses à tous les officiers
de l'état civil de l'Empire, de recevoir sur leurs registres la transcription de l'acte de célébration dudit mariage prétendu.

Ces précautions ne nous ayant point paru suffisantes pour garantir de toute atteinte la dignité de notre couronne et pour assurer la conservation des droits qu'à l'exemple de tous les autres princes nous exerçons sur tous ceux qui ont l'avantage de nous appartenir, nous avons jugé qu'il importait au bien de l'Etat et à l'honneur de notre famille impériale, de déclarer d'une manière irrévocable la nullité dudit prétendu mariage, comme aussi de prévenir et de rendre vaines toutes tentatives qui seraient faites pour y donner aucune suite ou effet.

A ces causes, nous avons ordonné et décrété, ordonnons et décrétons ce qui suit :

Article premier.

Le prétendu mariage contracté dans les pays étrangers par notre frère Jérôme Bonaparte est nul, comme non avenu, et ne pourra jamais produire aucun effet civil.

Toutes conventions relatives audit prétendu mariage sont également nulles et de nul effet.

Art. 2.

Les enfants nés et a naitre dudit mariage seront toujours réputés illégitimes et ne pourront réclamer aucuns droits de parenté, fondés sur cette union.

Art. 3.

Il est fait très-expresses inhibitions et défenses à tous les officiers de l'état civil de l'Empire, de recevoir sur leurs registres la transcription de l'acte de célébration dudit mariage, ou de tout autre acte qui tendrait à en opérer la confirmation.

Il est fait pareillement inhibitions et défenses aux ministres de tous cultes de consacrer, par les cérémonies qui leur appartiennent, ledit prétendu mariage, ou de bénir toute union nouvelle qui tendrait à le confirmer.

Art. 4.

Les contrevenants aux dispositions du présent décret seront, à la requête de nos procureurs impériaux, poursuivis devant les Tribunaux correctionnels, et punis d'une peine qui ne pourra excéder six mois de prison.

Art. 5.

Le grand juge ministre de la justice et le ministre des cultes sont chargés d'en surveiller l'exécution.

30 ventôse an xiii.

NAPOLÉON.

La présente expédition collationnée et visée par les deux chefs de section dont les signatures sont ci-contre, et par eux trouvée conforme à la minute déposée aux Archives de l'Empire, section du secrétariat, série AF iv, carton 1963 = 156, n° 56, a été délivrée par nous, directeur général desdites Archives, pour servir et valoir ce que de raison.

En foi de quoi, nous avons signé ladite expédition, et y avons fait apposer le sceau des Archives.

Fait à Paris, le 4 décembre 1860.

Le Directeur général des Archives de l'Empire,

Comte de LABORDE.

4°.

Décision de l'officialité (6 octobre 1806).

ARCHEVÊCHÉ DE PARIS.

REGISTRE **A** DU GREFFIER DE L'OFFICIALITÉ DIOCÉSAINE DE PARIS,
Sous le n° 1.

OFFICIALITAS PARISIENSIS.

Extrait des Registres du greffe de l'officialité de Paris.

A tous ceux qui ces présentes verront, nous, Pierre Boilève, prêtre docteur en droit canon, ancien vicaire-général et promoteur de l'officialité du diocèse d'Angers, chanoine honoraire de l'église de Paris et official du diocèse, à ce commis par Son Éminence monseigneur de Belloy, cardinal-prêtre de la sainte Église romaine du titre de Saint-Jean devant la Porte Latine, archevêque de Paris, sénateur et grand-officier de la Légion d'honneur,

Salut : Savoir faisons que sur la requête présentée par S. A. I. et R. Madame, mère de S. M. l'Empereur des Français et roi d'Italie, sous la date du 1er juin dernier, à nous renvoyée par Son Éminence monseigneur le cardinal-archevêque, ladite requête tendant à ce que par nous il fût dit et ordonné :

1° Que le prétendu mariage contracté entre le mineur Jérôme Bonaparte et la demoiselle Élisabeth Paterson, Anglo-Américaine, le 24 décembre 1803, à Baltimore, ville des États Unis d'Amérique, a été illégitimement, invalidement et abusivement célébré pour cause des empêchements dirimants qui s'opposaient à leur union, et par suite de l'omission des formes essentielles prescrites par les saints canons, les lois, règlements, statuts et décisions de l'Église gallicane, pour quoi ledit mariage être cassé, déclaré nul et de nul effet, *quoad fœdus;*

2· Que défenses soient faites aux parties de se hanter et fréquenter, comme époux légitimes, sous !es peines canoniques;

3º Que les parties stipulantes sont relevées de toutes promesses et de tout lien religieux *et in foro conscientiœ*; qu'en conséquence, elles sont rétablies respectivement dans la pleine et entière liberté de contracter, si bon leur semble, un autre mariage, en se conformant aux formes canoniques et civiles.

Vu : 1º Un Mémoire contenant l'exposition et la discussion de sept moyens de nullité, proposés par S. A. I. et R. Madame, contre le mariage dont il s'agit :

2° L'acte protestatif déposé aux minutes de Raguideau, notaire à Paris, le 3 ventôse an XIII, par son S. A. I. et R. Madame, duquel il résulte que S. A. I. et R. a protesté de tous ses droits contre le mariage dont il s'agit, à raison du défaut de son consentement, et s'est réservé toutes actions en nullite à elle attribuées par les lois;

3º Le décret impérial du 11 ventôse an XIII, lequel fait défense à tous officiers de l'état civil de l'Empire, de recevoir sur leurs registres la transcription de l'acte du prétendu mariage que M. Jérôme Bonaparte aurait contracté en pays étranger.

Après avoir ouï M. Rudemarc, prêtre, bachelier de Sorbonne et en droit civil et canonique, chanoine honoraire de l'église de Paris et promoteur du diocèse, en ses conclusions laissées le bureau et conçues en ces termes :

« Je conclus à ce que faisant droit sur la demande de S. A. I. et R. Madame, mère de S. M. l'Empereur et Roi, il soit par vous dit qu'il n'y a eu mariage entre M. Jérôme Bonaparte, son fils mineur, et la demoiselle Élisabeth Paterson, Anglo-Américaine.

« Je conclus en outre à ce qu'il leur soit fait défense de se hanter à l'avenir, sous les peines de droit, leur laissant la liberté de se pourvoir ailleurs, même par mariage, conformément aux dispositions canoniques et aux lois de l'Empire. »

Tout considéré, le saint nom de Dieu invoqué, nous déclarons qu'il n'y a pas eu de mariage contracté entre le mineur Jérôme Bonaparte et Élisabeth Paterson ; que le prétendu mariage contracté entre les parties est nul et clandestin, ayant été fait sans publications préalables de bans, sans le consentement de la mère du mineur, d'où il résulte un rapt de séduction, au moins présumé sans la présence du propre prêtre, en pays étranger, et en fraude des lois françaises ; leur faisant défenses de se hanter ni fréquenter, sous les peines de droit ; leur laissant la liberté de se pourvoir où bon leur semblera par mariage.

Fait et prononcé en notre prétoire, sis au palais métropolitain, à Paris, le 6 octobre, l'an de grâce 1806.

Signé à la minute portée au registre du greffe de l'officialité diocésaine de Paris.

Boilève, official ; Barbié, greffier.

5°.

Première sentence du Conseil de famille impérial du 4 juillet 1856.

Napoléon, par la grâce de Dieu et la volonté nationale, Empereur des Français, à tous présents et à venir, salut :

L'an 1856, le 4 juillet, le Conseil de famille, constitué en exécution du décret du 21 juin 1853, qui règle les obligations et la condition des membres de la famille impériale, et conformément à l'art. 29 du même décret, s'est réuni, en vertu des ordres de l'Empereur, au ministère de la justice, pour statuer sur le litige élevé :

Entre LL. AA. II. le prince Napoléon Bonaparte et Mme la princesse Mathilde, demandeurs;

Contre M. Jérôme-Napoléon Bonaparte et son fils, pour lequel il se porte fort, défendeurs.

Les demandeurs ont conclu à ce qu'il plaise au Conseil de famille impérial :

Attendu qu'un décret du 30 août 1854 de S. M. l'empereur Napoléon III, porte que M. Jérôme Bonaparte, né à Londres, d'un père français, le 7 juillet 1805, est réintégré dans sa qualité de Français, et qu'un second décret, en date du 5 septembre 1854, confère au fils du précédent un grade dans l'armée française;

Attendu que ces décrets sont interprétés par ceux qui sont appelés à en recueillir les dispositions comme leur permettant *de s'attribuer un nom et une filiation qui ne sauraient leur appartenir légalement;*

Attendu que l'enfant né à Londres, le 7 juillet 1805, de l'union contractée le 24 décembre 1803, à Baltimore, par Jérôme Bonaparte avec Mlle Élisabeth Paterson, ne peut porter, en France et sous la loi française, d'autre nom que celui de sa mère;

Attendu, en effet, que cette union, qui n'a jamais présenté aucun des caractères d'un mariage légal, formée à l'étranger par un jeune officier de dix-neuf ans, sans autorisation de ses chefs militaires, sans autorisation du chef de la famille qui était aussi le chef de l'État, sans le consentement de sa mère et sans publications préalables dans son pays, a été suivie, dès qu'elle a été connue en France, d'une protestation authentique de la part de Madame-Mère, en date du 3 ventôse an XIII, et d'un décret du 11 ventôse de la même année, émané de l'empereur Napoléon 1er, passé en Conseil d'État, refusant toute existence au prétendu mariage de 1803, en lui enlevant toute espèce d'effet, par respect pour la loi civile violée, et par respect aussi pour la dignité personnelle du chef de l'État et de la majesté du trône;

Attendu que, le 6 octobre 1806, l'officialité de Paris a brisé, à son tour, le lien religieux, comme avait été brisé le lien civil, et déclaré qu'il n'y avait pas eu de mariage contracté;

Attendu que la situation nouvelle créée à Mlle Paterson et au prince Jérôme Bonaparte par ces dispositions a été acceptée de part et d'autre, et suivie d'actes d'exécution d'une haute portée;

Que, d'une part, en effet, Mlle Paterson et son fils n'ont pas porté depuis lors, en France, le nom de Bonaparte;

Que Mlle Paterson a touché de S. M. l'Empereur, jusqu'à la Restauration, une pension de 60,000 fr. qui ne peut être considérée que comme prix de sa résignation;

Que, d'un autre côté, et sur la foi de la nullité absolue du prétendu mariage de 1803, une nouvelle famille s'est formée autour du prince Jérôme par son alliance en 1807 avec la princesse de Wurtemberg;

Attendu que les enfants nés de cette union, la seule légitimement contractée par leur auteur, la seule qui puisse produire les effets civils, ont qualité pour attaquer les décrets précités, en ce qui pourrait porter atteinte aux droits qui leur appartiennent exclusivement, et pour s'opposer, dans tous les cas, à ce que MM. Paterson puissent prendre désormais le nom de Bonaparte;

Attendu que le Conseil de famille impérial, établi par le statut impérial du 21 juin 1853, et qui absorbe pour les membres de la famille impériale toutes les juridictions à la fois, est compétent pour déterminer la portée véritable des décrets attaqués, qu'il l'est pardessus tout pour résoudre la question d'usurpation de nom soulevée;

Attendu que ces décrets n'ont entendu résoudre qu'une question de naturalisation à l'égard de laquelle aucune objection ne saurait être faite, mais qu'ils n'ont point entraîné des effets de légitimation en contradiction avec le décret de 1805 et la déclaration de l'officialité de Paris de 1806;

Dire que MM. Paterson ne sauraient exercer aucun des droits qui appartiennent exclusivement à la filiation légitime;

En conséquence, faire défense à M. Jérôme Paterson et à ses descendants de porter désormais le nom de Bonaparte, les dispositions du décret du 11 ventôse an XIII conservant au surplus tout leur effet.

Les conclusions des défendeurs tendent à ce qu'il plaise au Conseil de famille, statuant sur la demande de Leurs Altesses Impériales le prince Napoléon et la princesse Mathilde, sa sœur, tendante à ce qu'il soit dit que M. Jérôme-Napoléon Bonaparte ne saurait exercer aucun des droits qui appartiennent exclusivement à la filiation légitime, et à ce qu'en conséquence il soit fait défense à M. Bonaparte et à ses descendants de porter désormais le nom de Bonaparte;

Attendu qu'aux termes de l'art. 322 du Code civil, « nul ne peut « contester l'état de celui qui a une possession conforme à son titre « de naissance; »

Attendu que M. Bonaparte produit son acte de naissance, sous la date du 7 juillet 1805, et son acte de baptême, du 9 mai 1809, comme fils légitime (*lawfulson*) de Jérôme Bonaparte et d'Élisabeth Paterson Bonaparte, son épouse; — qu'il produit en outre l'acte de mariage de ses père et mère, Jérôme Bonaparte, frère du Premier Consul de France, et Élisabeth Paterson, fille de William Paterson, ledit mariage ayant été célébré publiquement à Baltimore, par l'évêque de Baltimore, suivant le rite de la sainte Église catholique, et l'acte, dressé dans les formes usitées aux États-Unis, ayant été porté le jour même, 24 décembre 1803, sur le registre des mariages de la cathédrale de la ville de Baltimore;

Attendu que M. Bonaparte a toujours joui d'une possession d'état constante, publique et conforme à son acte de naissance; qu'en effet, il a toujours porté le nom de son père; que son père l'a jusqu'à ce jour traité comme son enfant; qu'il a été reconnu pour tel dans la société, qu'il a été reconnu pour tel par la famille;

Que tous ces faits qui, seuls et à défaut des actes (art. 320 du Code civil), établissent au besoin la filiation légitime de M. Jérôme-Napoléon Bonaparte, sont prouvés par des actes nombreux, publics et privés, et notamment :

1° Par les lettres que son père lui a adressées, presque sans interruption, depuis 1823 jusqu'à 1851, et dans lesquelles, l'appelant son *cher fils*, son *cher enfant*, il se dit son *affectionné* et *bon père*, et lui parle de tous les membres de la famille, qu'il qualifie ses *oncles*, sa *tante*, sa *cousine*, ses *frères*, sa *sœur*;

2° Par les lettres adressées en 1824, 1830, 1837, 1838 et 1839, à M. Jérôme-Napoléon Bonaparte par les princes Joseph et Louis Bonaparte, toutes en ces termes : « Mon cher neveu et ton affectionné oncle, » ou : « Votre très-affectionné oncle; »

3° Par semblables lettres de sa tante Julie, de sa cousine Charlotte et de son cousin l'Empereur des Français, la dernière de ces lettres portant la date du 23 septembre 1855 ;

4° Par des lettres que le prince Napoléon lui-même adresse à M. Jérôme-Napoléon Bonaparte, et qu'il signe en ces mots : « Votre « tout dévoué frère ; »

5° Enfin, par une lettre dans laquelle son aïeule, Mme Lætitia, l'appelle son *cher fils*, le félicite de son mariage, lui donne sa bénédiction, lui parle de son père, de ses frères, de sa sœur, et signe : « Votre bien affectionnée mère. »

Cette lettre, datée de Rome le 10 novembre 1829, est pareillement adressée à M. Jérôme-Napoléon Bonaparte, à Baltimore ;

Attendu que la filiation de M. Jérôme-Napoléon Bonaparte est encore reconnue dans le testament solennel fait à Rome, le 4 janvier 1839, par son grand-oncle, Mgr. le cardinal Fesch ;

Attendu que le décret du 30 août 1854, qui restitue à M. Bonaparte sa qualité de citoyen français, s'il n'est pas attributif d'un titre de filiation et d'un droit quelconque dans la famille, est une preuve de plus de la possession publique du nom de Bonaparte ;

Attendu enfin que l'ajournement même de M. Bonaparte devant le Conseil, dont il ne peut être justiciable qu'aux termes de l'art. 37 du statut du 21 juin 1853, et comme membre de la famille de l'Empereur ne faisant point partie de la famille impériale, est une preuve implicite de sa possession d'état en contradiction avec Leurs Altesses Impériales :

Attendu que ces actes et ces faits établissent de la manière la plus péremptoire la filiation légitime et la possession d'état de M. Jérôme-Napoléon Bonaparte, et doivent faire déclarer inadmissible la contestation élevée contre lui ;

Subsidiairement, en ce qui touche la validité du mariage contracté,
le 24 décembre 1803. entre Jérôme Bonaparte et Élisabeth Paterson :

Attendu qu'aux termes de l'art. 187 du Code, l'action en nullité
de ce mariage ne peut pas être intentée, du vivant du prince Jérôme,
par ses enfants nés d'un autre mariage ;

Attendu qu'aucun mariage n'est nul de plein droit ; que, dans les
termes du droit commun, l'acte qui le constate est un titre apparent
dont la nullité doit toujours être déclarée par une autorité compétente, et que l'art. 4 du statut du 21 juin 1853, ne disposant que
pour l'avenir, ne saurait être applicable à un mariage contracté
cinquante ans antérieurement à sa promulgation ;

Attendu que le consentement du Chef de l'État ne pouvait pas être
requis et n'était aucunement nécessaire pour la validité du mariage
contracté à Baltimore par Jérôme Bonaparte, le 24 décembre 1803 ;
qu'en effet, son frère était alors Consul à vie de la République française, et que cette fonction publique ne constituait qu'une dignité
personnelle, partagée au même titre par les deux autres Consuls, et
qui n'investissait les personnes qui en étaient revêtues d'aucun des
droits exceptionnels attribués aux chefs de familles souveraines ;

Attendu que c'est postérieurement au mariage dont il s'agit, et
seulement par le sénatus-consulte organique du 18 mai 1804 (28 floréal an XII), que le gouvernement de la République a été confié à un
Empereur ;

Attendu, d'ailleurs, qu'aux termes de ce sénatus-consulte, Joseph
et Louis Bonaparte sont les seuls frères de l'Empereur qui aient été
appelés, ainsi que leurs descendants naturels et légitimes, à faire
partie, sous le titre de princes français, de la famille impériale, et
que c'est à eux exclusivement qu'est applicable l'article 12, portant

que les membres de la famille impériale ne peuvent se marier sans l'autorisation de l'Empereur;

Qu'en outre, le même article 12 ne déclare pas nul le mariage contracté sans cette autorisation ; que le contraire résulte expressément des termes du second paragraphe de cet article ;

Qu'enfin aucune disposition de ce sénatus-consulte, ou même du statut du 30 mars 1806, n'est applicable à ceux des frères de l'Empereur qui ne faisaient point partie de la famille impériale; qu'ainsi, à toute époque, postérieurement à l'établissement de l'Empire, et à plus forte raison antérieurement, Jérôme Bonaparte a pu se marier valablement sans l'autorisation de son frére (1) ;

Attendu que le mariage du 24 décembre 1803 n'est entaché d'aucune des nullités absolues pour raison desquelles, aux termes de l'article 184 du Code, un mariage peut être attaqué, soit par ceux qui y ont intérêt, soit même par le ministère public ;

Attendu que si, en 1803, à l'âge de dix-neuf ans accomplis, Jérôme

---

(1) Il suffit, pour établir l'inexactitude de ce considérant, de citer le sénatus-consulte du 24 septembre 1806 :

« Art. 1er. — A défaut d'héritier naturel et légitime ou d'héritier adoptif de S. M. l'empereur Napoléon ;

« A défaut aussi de LL. MM. Joseph-Napoléon, roi de Naples, et Louis-Napoléon, roi de Hollande, ainsi que de leur descendance mâle, naturelle et légitime,

« La dignité impériale est dévolue et déférée au prince Jérôme-Napoléon et à ses descendants naturels et légitimes, par ordre de primogéniture et de mâle en mâle, à l'exclusion perpétuelle des femmes et de leurs descendants.

« Art. 2. — La proposition suivante sera présentée à l'acceptation du peuple dans les formes déterminées par l'arrêté du 20 floréal an x :

« Le peuple veut l'hérédité de la dignité impériale dans la personne de Jérôme-Napoléon et dans la descendance directe, naturelle et légitime de ce prince, suivant qu'il est régié par le sénatus-consulte de ce jour.

« Art. 3. — Le présent sénatus-consulte sera transmis par un message à S. M. l'empereur et roi. »

Bonaparte, son père étant prédécédé , a contracté mariage sans le consentement de Madame sa mère, en violation des articles 148 et 149 du Code civil, ce mariage , suivant l'article 182, n'aurait pu être attaqué, sur le fondement de cette unité relative , que par celle dont le consentement était requis, ou par celui qui avait besoin de ce consentement, et que l'article 183 porte qu'en pareil cas, « l'ac- « tion en nullité de mariage ne peut plus être intentée ni par les « époux, ni par les parents dont le consentement était requis, toutes « les fois que le mariage a été approuvé expressément ou tacite- « ment par ceux dont le consentement était nécessaire, ou lorsqu'il « s'est écoulé une année, sans réclamation de leur part, depuis qu'ils « ont eu connaissance du mariage. Elle ne peut plus être intentée « non plus par l'époux lorsqu'il s'est écoulé une année sans récla- « mation de sa part, depuis qu'il a atteint l'âge compétent pour con- « sentir par lui-même au mariage ; »

Attendu qu'à aucune époque, le prince Jérôme n'a demandé ni fait prononcer la nullité du mariage qu'il a contracté le 24 décembre 1803, et qu'au contraire il a constamment et expressément reconnu ses effets civils en faveur de son fils, en le traitant comme tel, soit au regard de lui-même , soit au regard de tous les membres de sa famille ;

Attendu que la mère du prince Jérôme, dont le consentement devait être demandé, n'a fait, à aucune époque , prononcer la nullité du mariage de son fils, ainsi que seule elle en eût eu le droit, ce mariage n'ayant point été contracté avec son consentement; qu'au contraire , elle l'a implicitement approuvé et ratifié dans ses effets, en se qualifiant de mère de l'enfant issu de ce mariage et en l'appelant son *cher fils* et le traitant en cette qualité ;

Qu'à la vérité, on produit un acte reçu par Me Raguideau, notaire
à Paris, le 3 ventôse an XIII (22 février 1805) par lequel Son Altesse
Impériale Mme Bonaparte déclare qu'elle a appris indirectement que
son fils mineur M. Jérôme Bonaparte a contracté, en Amérique, un
mariage ; « que son consentement ne lui a jamais été demandé par
« son fils mineur et qu'elle l'eût refusé par des motifs que la loi l'auto-
« rise à ne point déduire ; — qu'elle proteste solennellement, par le
« présent acte, contre tout mariage contracté par son fils Jérôme
« Bonaparte, en pays étranger, sans son consentement et au mépris
« des formes voulues par la loi ; qu'elle se réserve expressément de
« se pourvoir ainsi et quand il appartiendra, et aussitôt qu'elle aura
« pu se procurer une expédition de l'acte de célébration, pour en
« faire prononcer la nullité ; »

Que cet acte ne contient, en quelques termes qu'il soit conçu,
qu'une simple protestation avec réserve expresse de se pourvoir, ce
qui n'est, après tout, qu'une constatation de plus de la nécessité d'in
tenter une action en nullité ; mais que Madame mère n'a point intenté une telle action, ne s'est point pourvue et n'a point fait prononcer la nullité du mariage, ainsi qu'elle s'était uniquement réservé le droit de le faire ; qu'il est d'ailleurs incontestable, d'après
même les documents extraits des archives du ministère des affaires
étrangères, que, le 22 février 1805, il s'était écoulé plus d'une année
depuis que Madame mère avait connaissance du mariage célébré le
24 décembre 1803, et contre lequel sa protestation était alors tar-
dive ; qu'ainsi elle eût dû être déclarée non recevable, aux termes
de l'article 183, si elle eût intenté l'action qu'elle se réservait ;

Attendu que, si le mariage contracté à Baltimore n'a point été
précédé en France des publications ordonnées par l'article 63 du

Code, l'accomplissement de cette formalité ne constituait pas une nullité absolue telles que celles qui sont rappelées dans l'article 184 ; que cette formalité préalable au mariage n'est pas un des éléments essentiels de la publicité de sa célébration, et ne peut que donner lieu, selon l'article 192, soit contre l'officier public en France, soit contre les parties contractantes, à une simple amende proportionnée à leur fortune ;

Attendu enfin que, le mariage du 24 décembre 1803 fût-il déclaré nul, il n'en produirait pas moins les effets civils à l'égard de l'enfant qui en est issu, en vertu des articles 201 et 202 du Code, et en raison de la bonne foi, au moins présumée, de l'épouse, qui se mariait conformément à la loi et aux usages de son pays et avec le consentement de son père, ainsi qu'il résulte du contrat qui a précédé le mariage ;

Très subsidiairement,

Attendu qu'on ne peut pas invoquer le décret impérial du 11 ventôse (2 mai 1805) comme un acte d'annulation du mariage de M. Jérôme Bonaparte avec Mlle Elisabeth Paterson ; qu'en effet ce décret qui fait défense aux officiers de l'état civil de l'Empire de recevoir sur leurs registres la transcription de l'acte de célébration de ce mariage, n'est qu'un acte administratif de l'autorité souveraine, et n'a pas d'autre objet et ne pouvait avoir d'effet que d'empêcher la transcription en France du mariage contracté à Baltimore ;

Mais que l'inexécution de la transcription prescrite par l'article 171 du Code civil, surtout quand elle est le résultat de la force majeure, n'a, en aucune manière, pour conséquence l'annulation du mariage contracté par un Français en pays étrangers, aucune loi

n'ayant attaché une semblable pénalité à l'omission de cette formalité ;

Attendu d'ailleurs, ainsi qu'il a déjà été dit, que l'Empereur n'avait
aucun droit et aucun pouvoir de statuer sur la validité et la nullité
du mariage contracté par un de ses frères antérieurement à l'établissement de l'Empire, alors que son consentement n'était pas légalement nécessaire pour qu'un tel mariage fût valable ; que même
le sénatus-consulte du 28 prairial an XII (18 mai 1804) ne déclare
pas nuls les mariages contractés par des membres de la famille
impériale ;

Que cette nullité n'a été introduite que dans le statut du
19 mars 1806, et exclusivement à l'égard des membres de la maison impériale, dont M. Jérôme Bonaparte n'était pas appelé à faire
partie ;

Qu'ainsi l'Empereur n'a point entendu que le mariage de son
frère fût annulé, ainsi qu'on paraît le prétendre aujourd'hui, par ce
décret du 2 mars 1805 ;

Qu'au contraire, en demandant au Pape qu'il voulût bien prononcer l'annulation du mariage célébré par l'évêque catholique de Baltimore, il écrivait à Sa Sainteté, le 24 mai de la même année 1805 :
« Ce ne sera que lorsque je saurai qu'elle veut bien le faire que je
« ferai la cassation civile. »

Attendu que c'est pareillement sans aucune espèce de droit et de
raison légale que l'on prétend faire considérer comme un acte
d'annulation du mariage de 1803, une prétendue décision émanée
de l'officialité de Paris le 6 octobre 1806 ;

Attendu que, quel qu'ait pu être l'intérêt politique qui ait pu solli-
citer et produire un acte semblable à l'époque où il a été dressé, il

est absolument impossible de lui attribuer aucune autorité de jugement :

Qu'en 1806 il n'existait plus légalement d'officialité en France ;

Que les officialités et toutes juridictions contentieuses ecclésiastiques avaient été supprimées par la loi du 7 septembre 1790 et n'ont pas été rétablies ; qu'au contraire cette suppression venait d'être confirmée par le dixième des articles organiques du concordat ; qu'il ne pouvait donc y avoir en France, à titres d'officialités, que des juridictions volontaires et exclusivement ecclésiastiques ; que même avant 1790, et depuis l'ordonnance de 1539, la compétence des officialités et de toute juridiction ecclésiastique était restreinte aux matières purement spirituelles ; que, dans tous les cas, les questions relatives à la validité dans le mariage, de l'engagement contractuel, étaient déférées aux seuls juges séculiers ; qu'enfin, comme toute juridiction, les officialités ne pouvaient prononcer que contradictoirement et entre parties régulièrement citées devant elles ; que M. et Mme Jérôme Bonaparte n'ont jamais été appelés devant aucune officialité et qu'on ne peut et doit envisager que comme un acte de vaine et affligeante condescendance, l'acte qui a été obtenu le 6 octobre 1806, de l'officialité de Paris, après que le Saint-Père avait déclaré qu'il n'existait, selon les lois de l'Église, aucun moyen de nullité contre le mariage contracté à Baltimore et qu'il lui était impossible d'en prononcer l'annulation, quelque désir qu'eût Sa Sainteté de faire ce que l'Empereur lui demandait ;

Attendu qu'il résulte de tout ce qui précède que LL. AA. II. le prince Napoléon et la princesse Mathilde sont sans droit, sans qualité et sans intérêt né et actuel pour attaquer de nullité le mariage contracté par le prince Jérôme le 24 décembre 1803 et pour contester l'état dont M. Jérôme-Napoléon Bonaparte est en possession conforme à son acte de naissance; que d'ailleurs il n'existe, aux termes des lois françaises, aucun moyen de nullité qui puisse être aujourd'hui invoqué contre la validité du mariage dont s'agit; qu'aucun acte d'une autorité compétente n'a jusqu'à ce jour annulé ce mariage, et qu'il doit produire ses effets civils au profit de M. Bonaparte, qni en est issu.

Par ces motifs et autres qu'il plaira au Conseil suppléer de droit d'équité.

Maintenir M. Bonaparte (Jérôme-Napoléon) dans ses droits, noms et qualités, comme fils légitime de Jérôme Bonaparte et d'Elisabeth Paterson, son épouse. — Dire et déclarer que Leurs Altesses Impériales sont purement et simplement non-recevables, en tous cas mal fondées dans leur demande, et les en débouter; — ainsi sera fait justice.

Après avoir entendu le rapport de Son Excellence le garde des sceaux, ministre de la justice;

Ouï également en leurs observations M⁽ᵉ⁾ Allou, avocat, pour LL. AA. II. le prince Napoléon Bonaparte et M⁽ᵐᵉ⁾ la princesse Mathilde, et M⁽ᵉ⁾ Berryer, avocat, pour M. Jérôme-Napoléon Bonaparte;

Attendu que la demande introduite devant le Conseil de famille par LL. AA. II. le prince Napoléon et la princesse Mathilde, a pour objet de faire enlever à M. Jérôme Bonaparte, fils de M⁽ᵐᵉ⁾ Paterson, le droit de porter le nom de *Bonaparte*, et de prétendre à aucun des droits appartenant aux membres de ladite famille Bonaparte;

Attendu que, sur ce double objet, il faut reconnaître que le décret du 2 mars 1805 a rendu nul et comme non avenu, même à l'égard des enfants nés ou à naître, le mariage contracté en 1803 par le prince Jérôme, alors mineur.

Qu'on ne peut contester l'autorité de ce décret souverain, et sur la foi duquel un autre mariage a été contracté ;

Attendu qu'il ne résulte pas des faits et circonstances de la cause que le défendeur ait droit à se prévaloir du bénéfice des art. 201 et 202 du Code Napoléon ;

Mais attendu que ledit défendeur a constamment, depuis sa naissance, porté le nom de *Bonaparte ;*

Que ce nom lui a été donné dans son acte de naissance et de baptème, dans tous les actes de la vie civile, dans les relations du monde, et enfin par tous les membres de la famille impériale ;

Que, dsns une telle situation, on ne pèut lui enlever le droit de continuer à porter le nom qui ne lui a jamais été contesté.

Par ces motifs :

Le Conseil de famille maintient au défendeur le nom de *Bonaparte* sous lequel il a toujours été connu, sans qu'il en résulte pour lui le droit de se prévaloir du bénéfice des art. 201 et 202 du Code Napoléon.

Fait et prononcé à l'hôtel du ministre de la justice, où étaient présents : Son Excellence le garde des sceaux, ministre de la justice, président, par suite de l'abstention de S. A. I. le prince Napoléon, à raison de son intérêt direct dans l'affaire soumise à la décision du conseil ; Son Excellence le ministre d'Etat et de la maison de l'Empereur ; le président du Sénat ; le président du Corps législatif ; le président du Conseil d'Etat et M. le gouverneur général des Invalides, qui ont signé le présent jugement les jour, mois et an que dessus.

Signé : ABBATUCCI ; signè : FOULD ; signé : TROPLONG ;

signé : comte DE MORNY ; signé : BAROCHE ;

signé : général comte D'ORNANO.

Mandons et ordonnons à tous huissiers, sur ce requis, de mettre ledit jugement à exécution, à nos procureurs généraux et à nos procureurs près les tribunaux de première instance d'y tenir la main ; à tous commandants et officiers de la force publique de prêter mainforte lorsqu'ils en seront légalement requis.

En foi de quoi le présent jugement a été signé par tous les membres du conseil de famille.

6°.

Deuxième sentence du Conseil de famille impérial (5 juillet 1860).

Napoléon, par la grâce de Dieu et la volonté nationale, Empereur des Français, à tous présents et à venir, salut.

L'an 1860, le 5 du mois de juillet, à onze heures du matin, se sont réunis dans le cabinet de S. Exc. M. le ministre d'État, et sur l'invitation qu'il leur en avait faite,

Leurs Excellences :

M. le ministre d'État,

M. le garde des sceaux, ministre de la justice,

M. le président du Sénat, premier président de la Cour de cassation,

M. le président du Corps législatif,

M. le président du conseil d'État,

M. le général de division, comte d'Ornano,

Tous membres du Conseil de famille institué par le statut du 21 juin 1853.

Ainsi que M. Pelletier, nommé secrétaire du Conseil de famille par le décret impérial du 5 juin 1860.

S. A. I. Monseigneur le prince Napoléon s'étant abstenu à raison de la nature du débat dont le Conseil de famille doit connaître, S. Exc. M. le ministre d'État a pris la présidence du Conseil, en vertu de la désignation faite par l'Empereur.

La séance ayant été déclarée ouverte et le Conseil de famille s'étant constitué,

On été introduits :

1° Mᶜ Legrand, avoué de première instance, agissant au nom et comme mandataire de 1° Mᵐᵉ Élisabeth Paterson ; 2° M. Jérôme Bonaparte Paterson, aux termes de procurations authentiques l'une reçue et l'autre déposée en l'étude de Mᵉ Persil, notaire à Paris ;

2° M. Maillet, au nom et comme mandataire de S. A. I Monseigneur le prince Napoléon aux termes de . . . . assisté de Mᵉ Allou, avocat à la Cour impériale de Paris ;

3° Mᶜ Castaignet, avoué au Tribunal de première instance, au nom et comme mandataire de S. A. I. Mᵐᵉ la princesse Mathilde, aux termes . . . .

S. Exc. M. le président du Conseil d'État a donné lecture au Conseil d'une requête à lui adressée par M. Legrand, le 28 juin 1860, au nom de ses mandants, par laquelle il s'oppose à la levée, hors

la présence desdits mandants, des scellés apposés soit au Palais-
Royal, domicile de S. A. I. prince Jérôme, soit au château de Villegenis;

Sur l'invitation de S. Exc. M. le ministre d'État, Me Legrand a
pris et développé des conclusions tendant à ce qu'il plaise au Conseil de famille :

Attendu que l'opposition formée à la levée des scellés a été faite
par ses mandants comme prétendant droits à la succession de
S. A. I. le prince Jérôme;

Que l'exception par laquelle on voudrait les évincer de l'inven-
taire et du partage n'est que la réponse à une demande en pétition
d'hérédité et en partage dont la nature constitue une action réelle
pour laquelle le statut du 21 juin 1853 réserve la compétence des
Tribunaux ordinaires;

Se déclarer incompétent, renvoyer les parties devant M. le président du Tribunal de la Seine pour être par lui statué en état de
référé.

La parole ayant été donnée à Me Allou, il a déposé et développé
des conclusions tendant à ce qu'il plaise au Conseil se déclarer compétent, et, au fond, déclarer que l'opposition dont il s'agit a été
faite sans titre et sans droit, qu'elle est nulle et de nul effet, et
qu'elle ne peut aucunement empêcher la levée des scellés apposés
après le décès de S. A. I. Monseigneur le prince Jérôme.

S. Exc. M. le ministre d'État ayant ensuite donné la parole à
Me Castaignet, celui-ci a, au nom de S. A. I. Mme la princesse Mathilde, pris et développé des conclusions afin qu'il plaise au Conseil
de famille :

Sans s'arrêter aux conclusions d'incompétence, prononcer main-
levée pure et simple de l'opposition à la levée des scellés formée
par Mme Paterson et M. Jérôme Bonaparte Paterson.

Les parties s'étant retirées, S. Exc. M. le garde des sceaux a été
entendu dans son rapport et, après en avoir délibéré, le Conseil de
famille a rendu le jugement dont la teneur suit :

En ce qui touche l'exception d'incompétence proposée par les
parties de Legrand :

Attendu que, quelle que soit la nature de l'action en partage, il
faut, avant tout, rechercher en quelle qualité les parties de Legrand
ont formé opposition à la levée des scellés apposés après le décès
de S. A. I. le prince Jérôme Bonaparte, tant au château de Villegenis qu'au Palais-Royal ;

Qu'une telle procédure ne peut être suivie qu'autant que des actes
ou de la situation invoquée par l'opposant résulte à son profit un
droit de créance ou de copropriété ;

Attendu que l'appréciation de ces droits constitue une question
essentiellement personnelle, et que dès lors il n'appartient qu'au
Conseil de famille de prononcer ;

Sans s'arrêter à l'exception d'incompétence qui est rejetée,

Le conseil décide qu'il sera statué sur le fond.

Et en ce qui touche le fond :

Attendu que l'opposition formée à la levée des scellés dont il s'agit
par Mme Paterson et par M. Jérôme Bonaparte Paterson est fondée
sur la seule qualité d'épouse et d'enfant légitimes qui résulterait

pour eux du mariage qui aurait été contracté à Baltimore le 24 décembre 1803 entre Mlle Paterson et S. A. I. le prince Jérôme;

Attendu que ce mariage a été déclaré nul par un décret impérial du 2 mars 1805, lequel a prononcé souverainement et a reçu son exécution;

Qu'ainsi ledit mariage ne peut produire aucun effet;

Attendu en outre que par une décision rendue le 4 juillet 1856 entre LL. AA. II. le prince Napoléon et la princesse Mathilde d'une part, et M. Jérôme Bonaparte Paterson de l'autre, le Conseil de famille a déclaré qu'il ne résultait pas des faits et circonstances exposés par M. Jérôme Bonaparte Paterson que celui-ci eût droit à se prévaloir du bénéfice des art. 201, 202 du Code Napoléon;

Attendu que les circonstances invoquées par Mme Paterson sont les mêmes et qu'elles ne peuvent donner à cette dame le droit d'in_voquer les dispositions de ces articles;

Que dès lors elle n'a pas plus que M. Jérôme Bonaparte Paterson qualité pour former opposition à la levée des scellés apposés après le décès de S. A. I. le prince Jérôme.

Le Conseil de famille :

Sans s'arrêter ni avoir égard à l'opposition formée tant par Mme Paterson, laquelle est déclarée nulle, que par M. Jérôme Bonaparte Paterson;

Ordonne qu'à la requête de la partie la plus diligente, il sera procédé à la levée des scellés, tant au château de Villegenis qu'au Palais-Royal, et ce dans les termes de droit;

Et a été le présent procès-verbal rédigé par nous, président du

Conseil d'État et signé par tous les membres du Conseil, ainsi que par le secrétaire.

> Signé : Achille FOULD ; signé : DELANGLE ; signé : TROP-
> LONG ; signé : MORNY ; signé : J. BAROCHE ;
> signé : comte d'ORNANO ; signé : J. PELLE-
> TIER.

Mandons et ordonnons à tous huissiers, sur ce requis, de mettre ledit jugement à exécution ; à nos procureurs généraux et à nos procureurs près les Tribunaux de première instance d'y tenir la main ; à tous commandants et officiers de la force publique de prêter main-forte, lorsqu'ils en seront légalement requis ;

En foi de quoi, le présent jugement a été signé par tous les membres du Conseil, ainsi que par le secrétaire.

Me LACOMME,
Avoué.

Me ALLOU.
Avocat plaidant.

Paris. Imprimerie Renou et Maulde, rue de Rivoli, 144

www.ingramcontent.com/pod-product-compliance
Lightning Source LLC
LaVergne TN
LVHW022332170726
843503LV00006B/2841